Impressum
Verlag: BABADADA GmbH, Nedderfeld 112 , 22529 Hamburg
Geschäftsführer / Verlagsleitung: Harald Hof
Druck: Books on Demand GmbH, In de Tarpen 42, 22848 Norderstedt

Imprint
Publisher: BABADADA GmbH, Nedderfeld 112 , 22529 Hamburg, Germany
Managing Director / Publishing direction: Harald Hof
Print: Books on Demand GmbH, In de Tarpen 42, 22848 Norderstedt

el colegio
ليكول

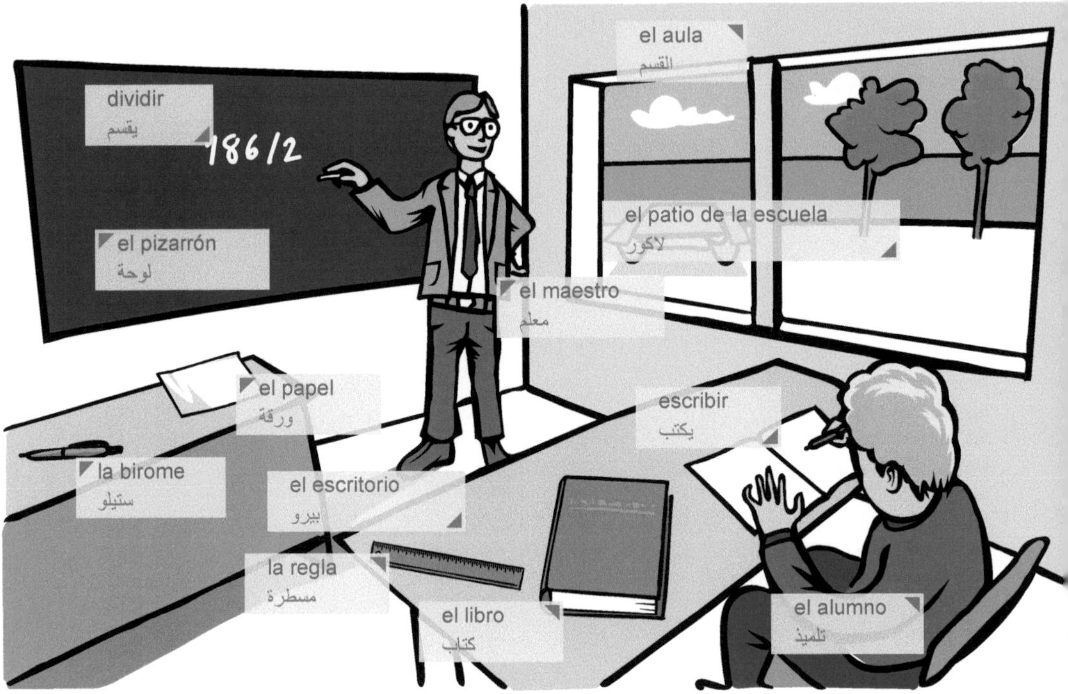
el aula
القسم
dividir
يقسم
186/2
el pizarrón
لوحة
el patio de la escuela
لاكور
el maestro
معلم
el papel
ورقة
escribir
يكتب
la birome
ستيلو
el escritorio
بيرو
la regla
مسطرة
el libro
كتاب
el alumno
تلميذ

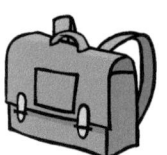

la mochila
كرطاب

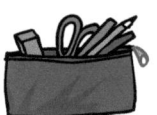

la caja de lápices
المقلمة

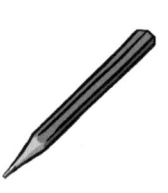

el lápiz
قلم الرصاص

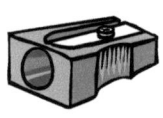

el sacapuntas
منجارة

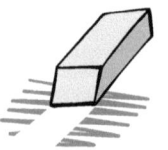

la goma (de borrar)
ممحا

el bloc de dibujo
الكايي تاع الرسم

el dibujo

الرسم

el pincel

البانسو

la caja de pinturas

باتير

la tijera

مقص

el pegamento

كولا

el cuaderno de ejercicios

كايي تاع التمارين

la tarea

الواجبات

el número

النيميرو

sumar

يجمع

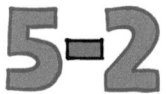

restar

يطرح

multiplicar

يضرب

calcular

يحسب

la letra

الحرف

el abecedario

الحروف

la palabra

كلمة

el texto

النص

leer

يقرأ

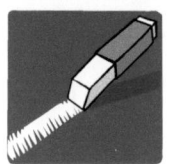

la tiza

طباشير

la lección

الدرس

el cuaderno de clase

دفتر المدرسي

el examen

ليقزاما

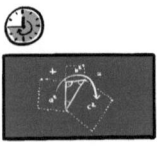

el certificado

سرتفيكا

el uniforme escolar

اللبة تاع ليكول

la educación

التعليم

la enciclopedia

ليكسيك

la universidad

الجامعة

el microscopio

المجهر

el mapa

الخريطة

el tacho (de basura)

بوبال

el viaje

فواياج

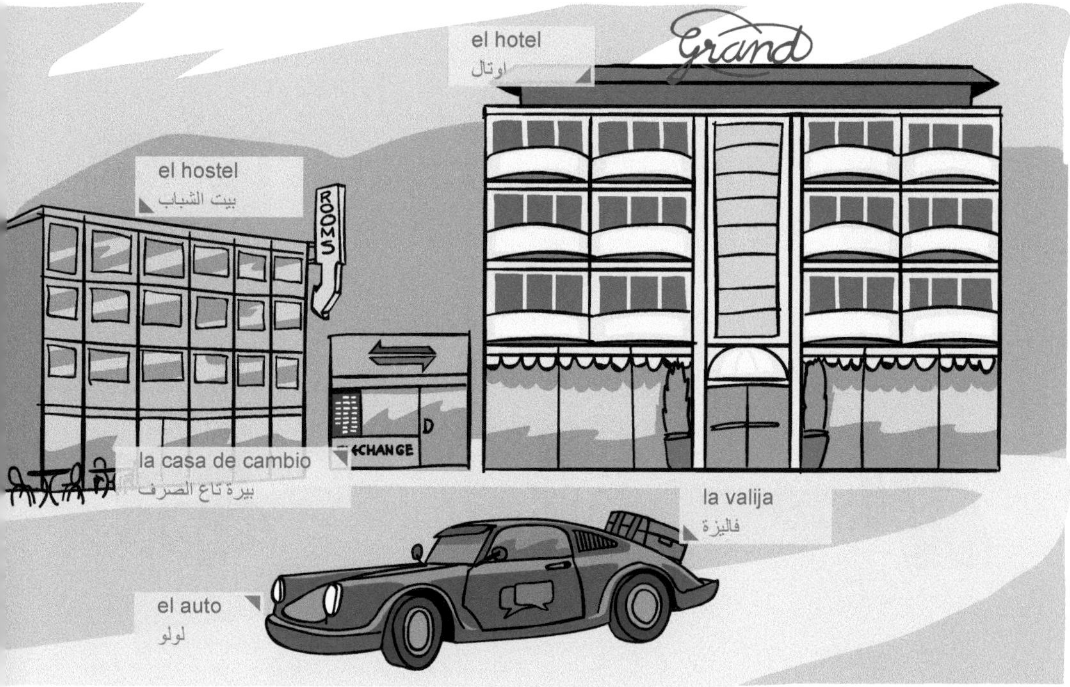

Grand
el hotel
اوتال
el hostel
بيت الشباب
ROOMS
EXCHANGE
la casa de cambio
بيرة تاع الصرف
la valija
فاليزة
el auto
لولو

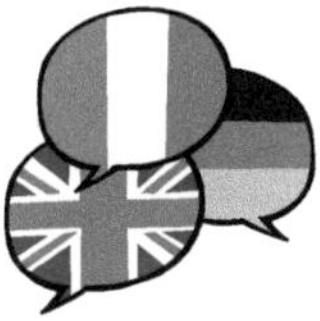

el idioma

اللغة ليقصدها

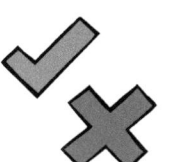

sí / no

واه / لا

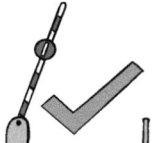

Está bien

صحا

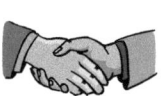

hola

مرحبا

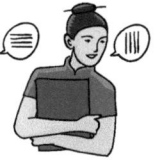

el traductor

طرجمان

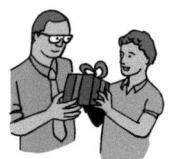

Gracias

صحيت

¿cuánto cuesta...?

شحال السومة؟

No entiendo

مفهمتش

el problema

مشكيلة

¡Buenas tardes!

مسلخير

¡Buenos días!

صباح لخير

¡Buenas noches!

تصبح بخير

el adiós

بسلامة

la dirección

ديركسيو

el equipaje

الباقاج

el bolso

ساك

la mochila

ساكادو

el invitado

ضيف

la habitación

شمبرا

la bolsa de dormir

ساك تاع رقاد

la carpa

خيمة

la información turística

استعلامات سياحية

la playa

بحر

la tarjeta de crédito

كارطة ناع الكريدي

el desayuno

فطور الصباح

el almuerzo

الفطور

la cena

العشا

el pasaje

البيي

el ascensor

اسونسير

el sello

تامبر

la frontera

الحدود

la aduana

الديوانة

la embajada

سقارة

la visa

فيزا

el pasaporte

باسبور

el transporte
نقل

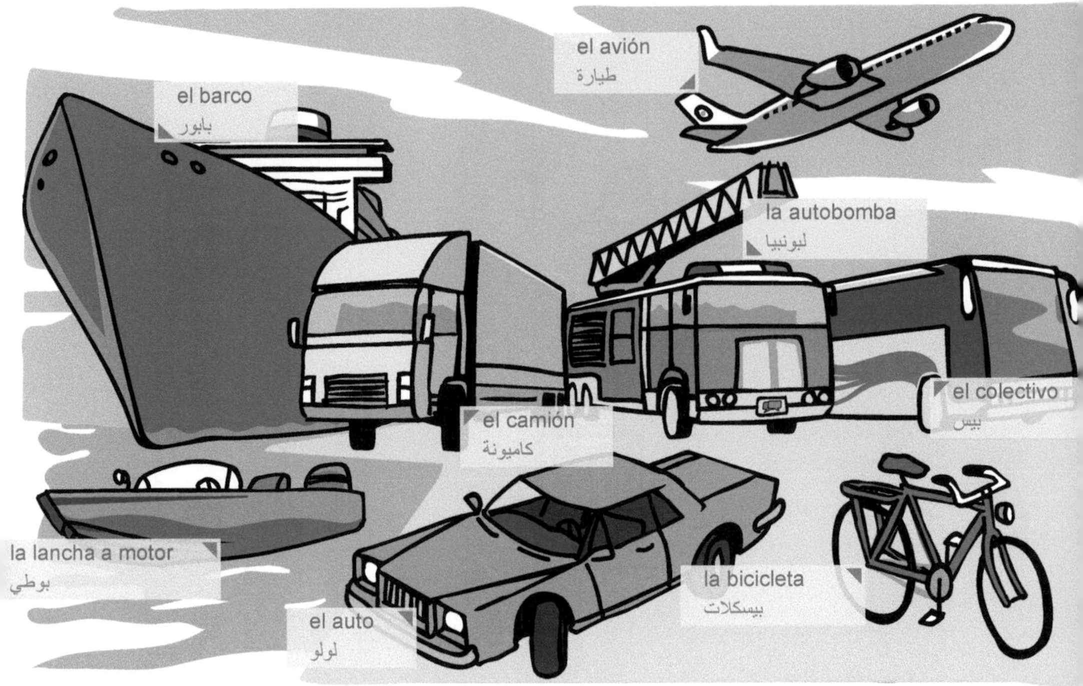
el avión
طيارة
el barco
بابور
la autobomba
لبونبيا
el colectivo
بيس
el camión
كاميونة
la lancha a motor
بوطي
la bicicleta
بيسكلات
el auto
لولو

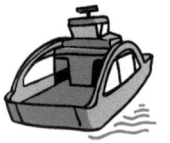

el ferry
....
بابو

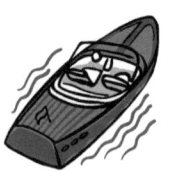

el bote
....
بوطي

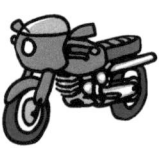

la moto
....
موطو

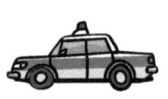

el patrullero
....
لوطو تاع لابوليس

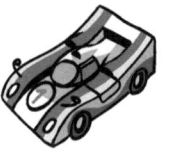

el auto de carreras
....
لوطو تاع السيباق

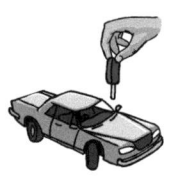

el auto de alquiler
....
لوطو تاع كرية

el alquiler de autos

لواطا تاع كرية

la grúa

رومورك

el camión de la basura

كاميو تاع الزبل

el motor

موتور

la nafta

ليسونس

la estación de servicio

ستاسيون

la señal de tránsito

بانو

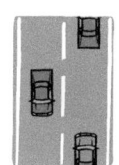

el tránsito

ترافيك

el embotellamiento

سركالة

el estacionamiento

باركينغ

la estación de tren

لاقار

las vías

السبيكة

el tren

قطار

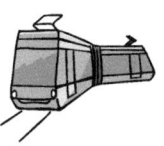

el tranvía

ترام

el vagón

فاغون

el helicóptero

الهليكبتار

el aeropuerto

مطار

la torre

تور

el pasajero

مسافر

el contenedor

كونتنار

la caja de cartón

كرطونة

la carretilla

شاريو

la canasta

سلة

despegar / aterrizar

يقلع / يهود

la ciudad

مان

el pueblo

قرية

el centro de la ciudad

البلاد

la casa

دار

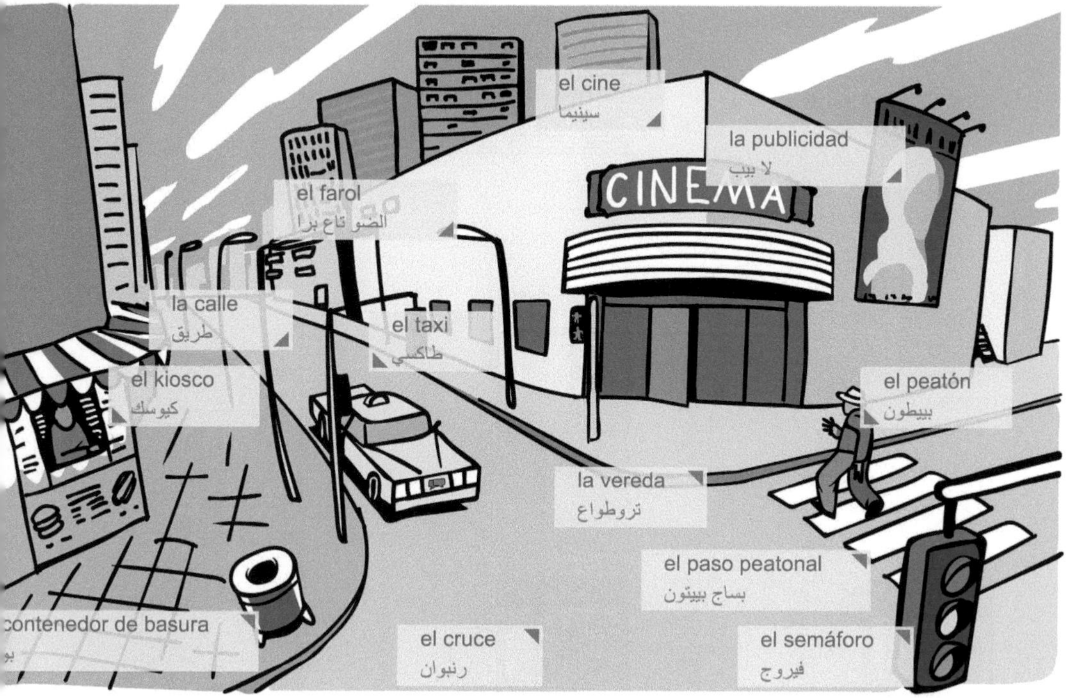

el cine
سينما

la publicidad
لا ييب

el farol
الضو ناع برا

la calle
طريق

el taxi
طاكسي

el kiosco
كيوسك

el peatón
بييطون

la vereda
تروطواع

el paso peatonal
بساج بييتون

contenedor de basura
يو

el cruce
رنبوان

el semáforo
فيروج

la cabaña

كوخ

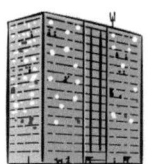

el departamento

برطمان

la estación de tren

لاقار

la municipalidad

لاميري

el museo

متحف

el colegio

ليكول

la universidad

الجامعة

el banco

بانكة

el hospital

سبيطار

el hotel

اوتال

la farmacia

فارماسي

la oficina

بيرو

la librería

مكتبة

el negocio

حانوت

la florería

فلوريست

el supermercado

سوبرات

el mercado

مرشي

las grandes tiendas

حانوت كبير

la pescadería

مسمكة

el centro comercial

سونتر كومرسيال

el puerto

المينا

el parque

بارك

el banco

بنك

el puente

جسر

las escaleras

درج

el subte

ميترو

el túnel

تونال

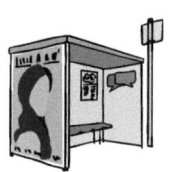

la parada del colectivo

لاري تاع البيس

el bar

بار

el restaurante

مطعم

el buzón

صندوق البريد

el letrero

البانوات

el parquímetro

مقياس زمن الوقوف

el zoológico

حديقة حيوانات

la pileta

بيسين

la mezquita

جامع

la granja

فيرما

la contaminación

التلوث

el cementerio

مقبرة

la iglesia

قليزية

los juegos infantiles

بارك

el templo

معبد

el paisaje

الريف

la hoja
ورقة

el poste indicador
بانو

el camino
طريق

la pradera
مرج

la piedra
حجرة

el árbol
شجرة

el excursionista
رحالة

el río
نهر

la hierba
حشيش

la flor
زهرة

el valle

واد

la montaña

جبل

el lago

بحيرة

el bosque

غابة

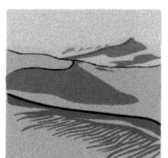

el desierto

صحرا

el volcán

بركان

el castillo

شاطو

el arco iris

قوس قزح

el champiñón

فطر

la palmera

نخلة

el mosquito

ناموسة

la mosca

ذبابة

la hormiga

نملة

la abeja

نحلة

la araña

رتيلة

el escarabajo

خنفوس

la rana

جرانة

la ardilla

سنجاب

el erizo

قنفود

la liebre

قنينة

la lechuza

بومة

el pájaro

زاوش

el cisne

بجعة

el jabalí

حلوف

el ciervo

عزالة

el alce

إلكة

la presa

سد

el aerogenerador

الطاحونة

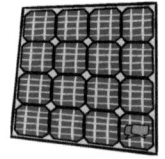

el panel solar

خلية شمسية

el clima

كليما

el restaurante

مطعم

el mozo
سارفور
el menú
المونيو
la silla
كرسي
la sopa
سوبة
la pizza
بيتزا
los cubiertos
كوفار
el mantel
ناب

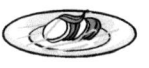

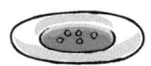

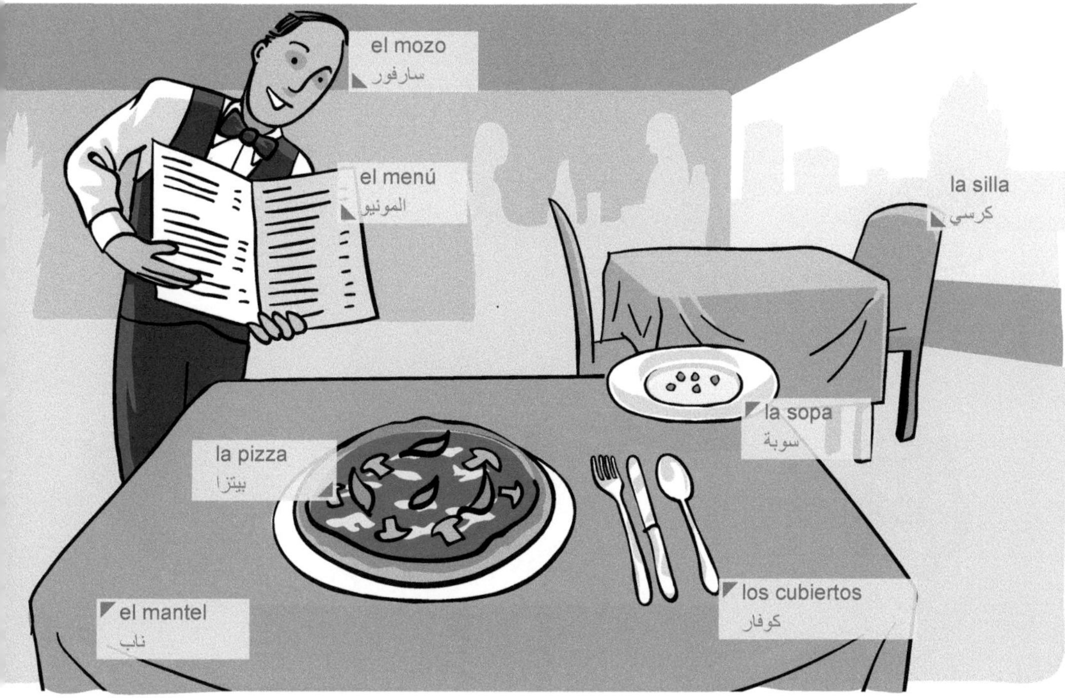

la entrada
....
اوردوفر

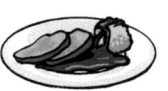

el plato principal
....
الطبق الرئيسي

el postre
....
ديسار

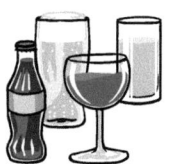

las bebidas
....
مشروبات

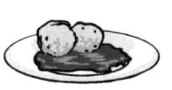

la comida
....
ماكلة

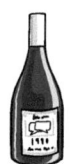

la botella
....
القرعة

la comida rápida

فاست فود

la comida callejera

ماكلة نديه معايا

la tetera

براد اتاي

la azucarera

سكرية

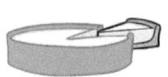

la porción

طرف

la cafetera expreso

ماشينة تاع اكسبريسو

la sillita alta

كرسي عالي

la cuenta

فاتورة

la bandeja

سني

el cuchillo

خدمي

el tenedor

فرشيطة

la cuchara

مغيرفة

la cucharita

مغيرفة تاع لاتاي

la servilleta

سربيتة تاع الطابلة

el vaso

كاس

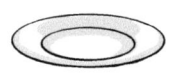

el plato

طبسي

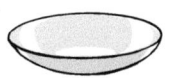

el plato hondo

بول

el plato

طبسي تاع الفنجال

la salsa

لاصوص

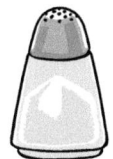

el salero

القوطي تاع الملح

el molinillo de pimienta

طحان تاع الحرور

el vinagre

خل

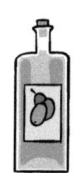

el aceite

زيت

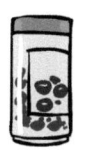

las especias

ليزيبيس

el kétchup

كتشوب

la mostaza

موطارد

la mayonesa

مايونيز

el supermercado

سوبرات

la oferta especial
بروموسيو
FOR
el cliente
كلويون
los lácteos
مشتقات الحليب
la fruta
فاكية
el changuito
شاريو

BUTCHERS

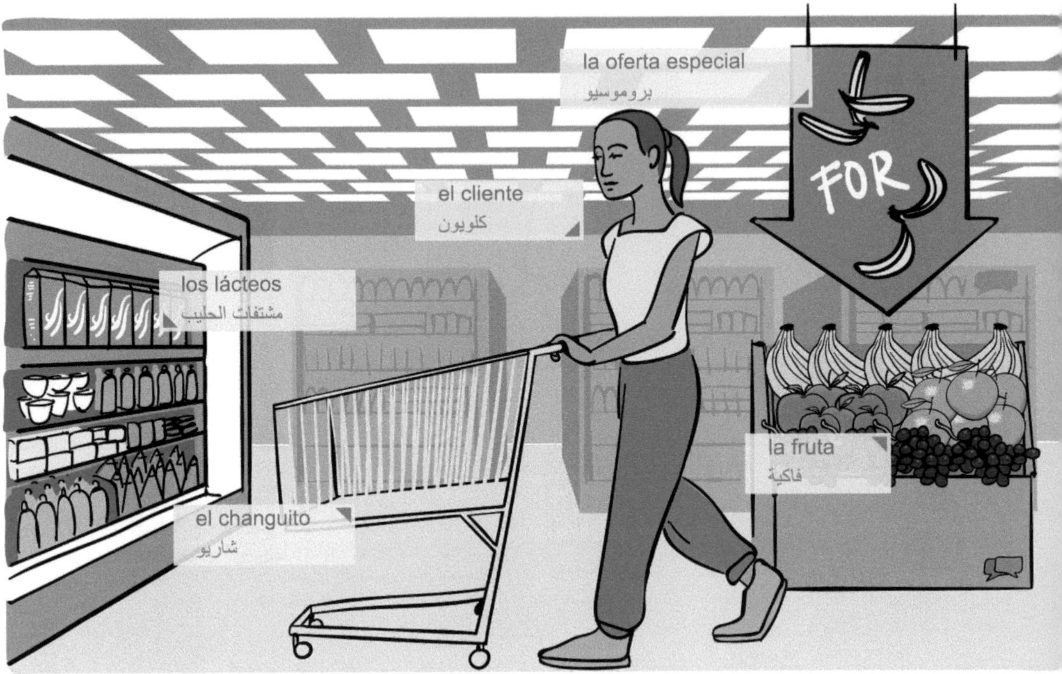

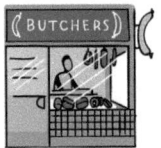

la carnicería

بوشي

BAKERY

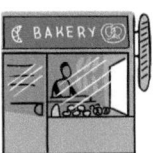

la panadería

بولونجي

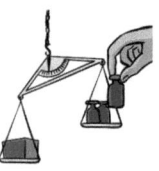

pesar

يوزن

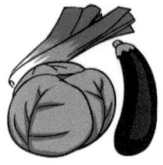

las verduras

خضار

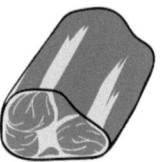

la carne

لحم

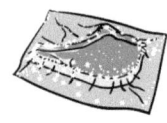

los alimentos congelados

سيرجولي

los fiambres

كاشير

los alimentos enlatados

كونسارف

el detergente en polvo

الاومو تاع لغسيل

las golosinas

الحلويات

los electrodomésticos

صوالح الدار

los productos de limpieza

ديتارجو

la vendedora

فوندوز / خدامة فالحانوت

la caja

لاكاس

el cajero

كاسيي

la lista de compras

ليستا تاع الشري

el horario de atención

سوايع الخدمة

la billetera

متزدات

la tarjeta de crédito

كارطة ناع الكريدي

la cartera

ساك

la bolsa de plástico

بورصة

el agua

الما

el jugo

جو

la leche

حليب

la bebida cola

كوكا

el vino

الشراب

la cerveza

البيرة

el alcohol

شراب

el cacao

كاكاو

el té

لاتاي

el café

قهوة

el café expreso

اكسيريسو

el cappuccino

كابوتشينو

la banana

بانانة

la manzana

تفاح

la naranja

تشينا

el melón

بطيخ

el limón

ليم

la zanahoria

كروطة / زرودية

el ajo

ثوم

el bambú

بانبو

la cebolla

بصل

el champiñón

شانبينيو

las nueces

بندق

los fideos

ليبات

los tallarines

سباغيتي

el arroz

روز

la ensalada

سلاطة

las papas fritas

ليفريت

las papas fritas

ليفريت

la pizza

بيتزا

la hamburguesa

هانبورقر

el sándwich

سندويش

el churrasco

اسكالوب

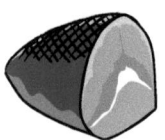

el jamón

لحم الحلوف

el salame

سامي

la salchicha

مرقاز

el pollo

جاجة

el asado

لحم مشوي

el pescado

حوت

los copos de avena

شوفان

el muesli

موسلي

los copos de maíz

كورن فلكس

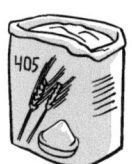

la harina

فرينة

la medialuna

كرواسون

el pancito

خبيزة

el pan

الخبز / كسرة

la tostada

خبز محمر

las galletitas

بيسكوي

la manteca

زبدة

la cuajada

لبن

la torta

قاطو

el huevo

بيض

el huevo frito

بيض مقلي

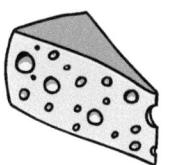

el queso

فرماج

la comida - ماكلة   25

el helado

لاكرام

el azúcar

سكر

la miel

عسل

la mermelada

كونفتير

la pasta de chocolate

نوقا

el curry

الكاري

la granja
فيرما

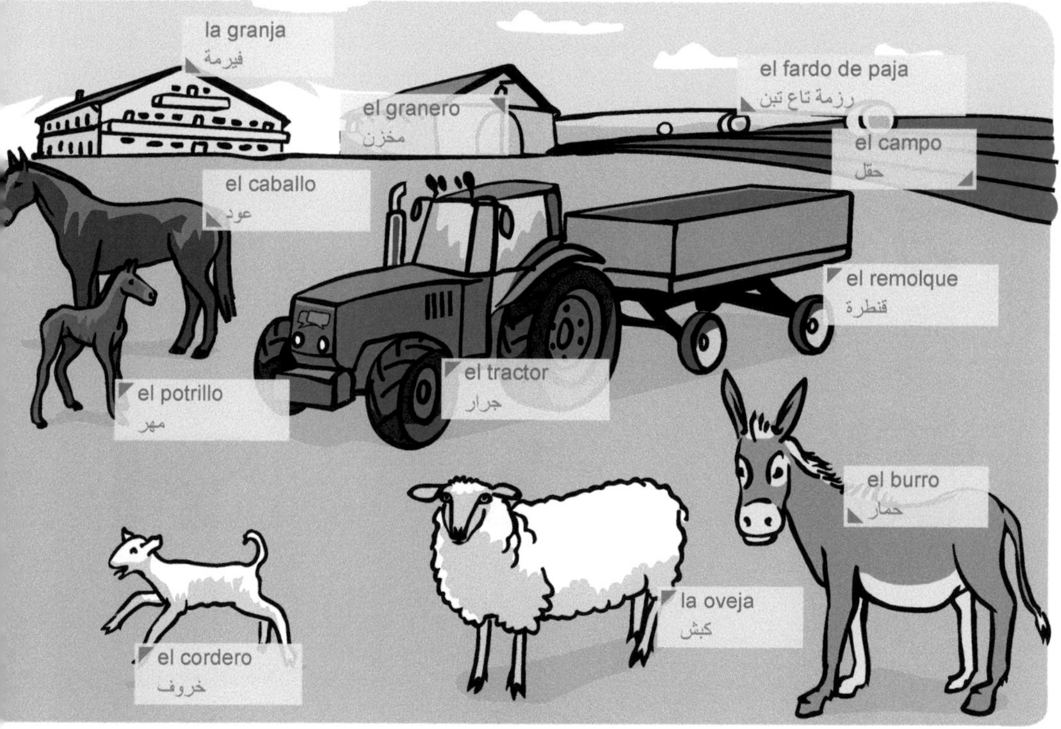
la granja
فيرمة
el granero
مخزن
el fardo de paja
رزمة تاع تبن
el campo
حقل
el caballo
عود
el remolque
قنطرة
el tractor
جرار
el potrillo
مهر
el burro
حمار
la oveja
كبش
el cordero
خروف

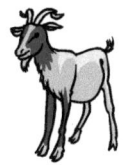

la cabra

معزة

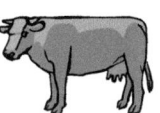

la vaca

بقرة

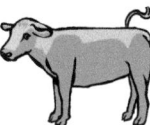

el ternero

عجل

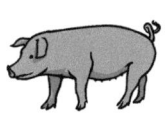

el cerdo

حلوف

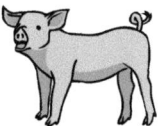

el lechón

حلوف صغير

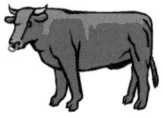

el toro

طورو

el ganso

وزة

el pato

بطة

el pollo

فلوس

la gallina

جاجة

el gallo

سردوك

la rata

طوبا

el gato

قطة

el ratón

فأر

el buey

ثور

el perro

كلب

la cucha

دار الكلب

la manguera

تييو

la regadera

إبريق

la guadaña

منجل

el arado

محراث

la hoz

منجل

la azada

الفاس

la horquilla

مذراة الزبل

el hacha

شاقور

la carretilla

برويطة

el abrevadero

معلف

la lechera

قابة تاع حليب

la bolsa

ساشيا

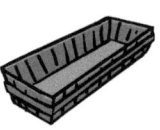

la reja

سياج

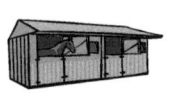

el establo

صطبل

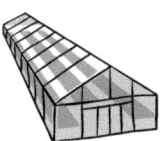

el invernadero

بوطاجي

el suelo

تراب

la semilla

بذور

el fertilizador

سماد

la cosechadora

حصادة

cosechar

يحصد

la cosecha

الغلة

las batatas

بطاط

el trigo

قمح

la soja

صويا

la papa

بطاطا

el maíz

مابيس

la semilla de colza

سلجم

el árbol frutal

شجرة تاع فاكية

la mandioca

منيهوت

los cereales

الخبوب

la casa

دار

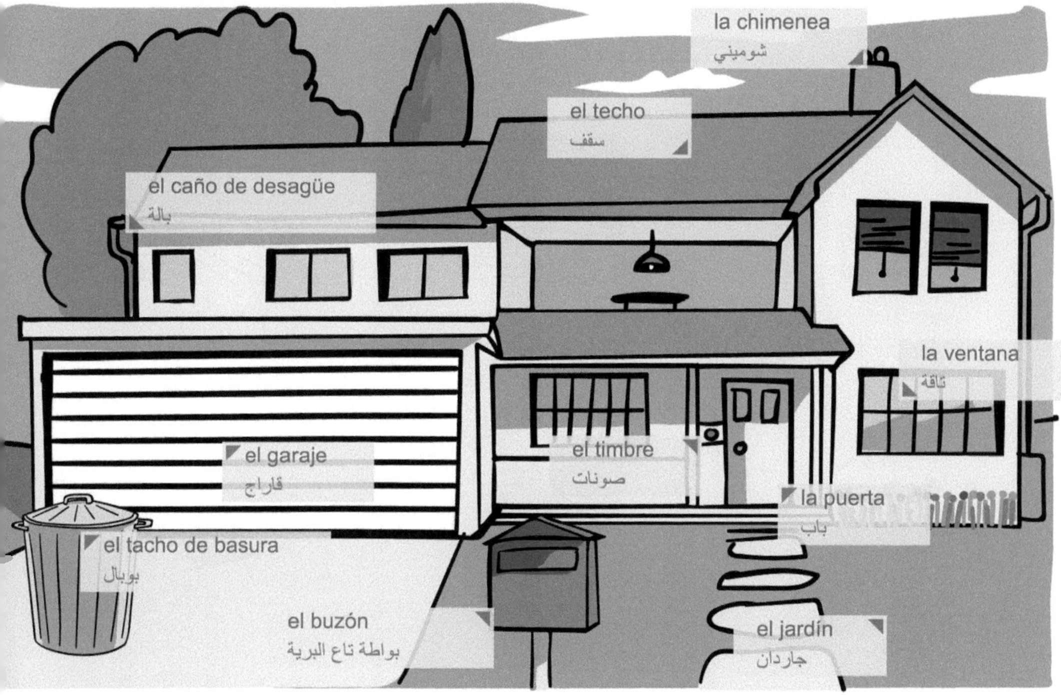

la chimenea
شوميني
el techo
سقف
el caño de desagüe
بالة
la ventana
تاقة
el garaje
قاراج
el timbre
صونات
la puerta
باب
el tacho de basura
بوبال
el buzón
بواطة تاع البرية
el jardín
جاردان

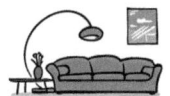

el living

صالون

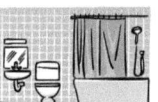

el baño

الحمام

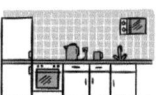

la cocina

كوزينا

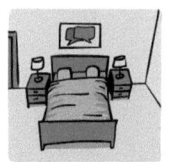

el dormitorio

شامبرا تاع رقاد

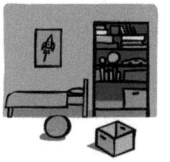

el cuarto de los chicos

شمبرا تاع ذراري

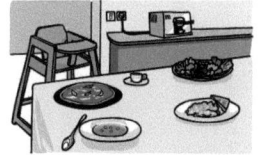

el comedor

صالة مونجي

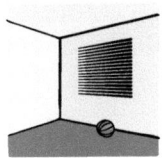

el piso

لرض

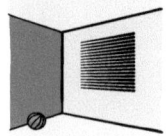

la pared

حيط

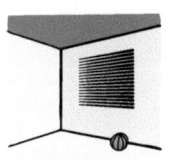

el cielorraso

بلافو

el sótano

كافا

el sauna

سونا

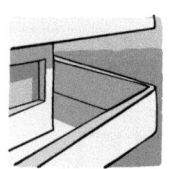

el balcón

بالكون

la terraza

تيراسة

la pileta

بيسين

la cortadora de pasto

جزارة تاع حشيش

la sábana

ااووس

el acolchado

كووات

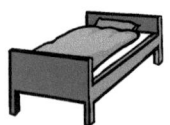

la cama

ناموسية

la escoba

مصلحة

el balde

بيدو تاع صليح

el interruptor

انتغبثور

el living
صالون

el empapelado
ورق تاع حيطان
la imagen
تصويرة
la lámpara
لامبا
el estante
ايتجار
el armario
بلاكار
la televisión
تيليفزيون
la chimenea
شوميني
la flor
زهرة
el almohadón
مخدة
el sofá
صافا
el florero
فاز
el control remoto
تيليكومند

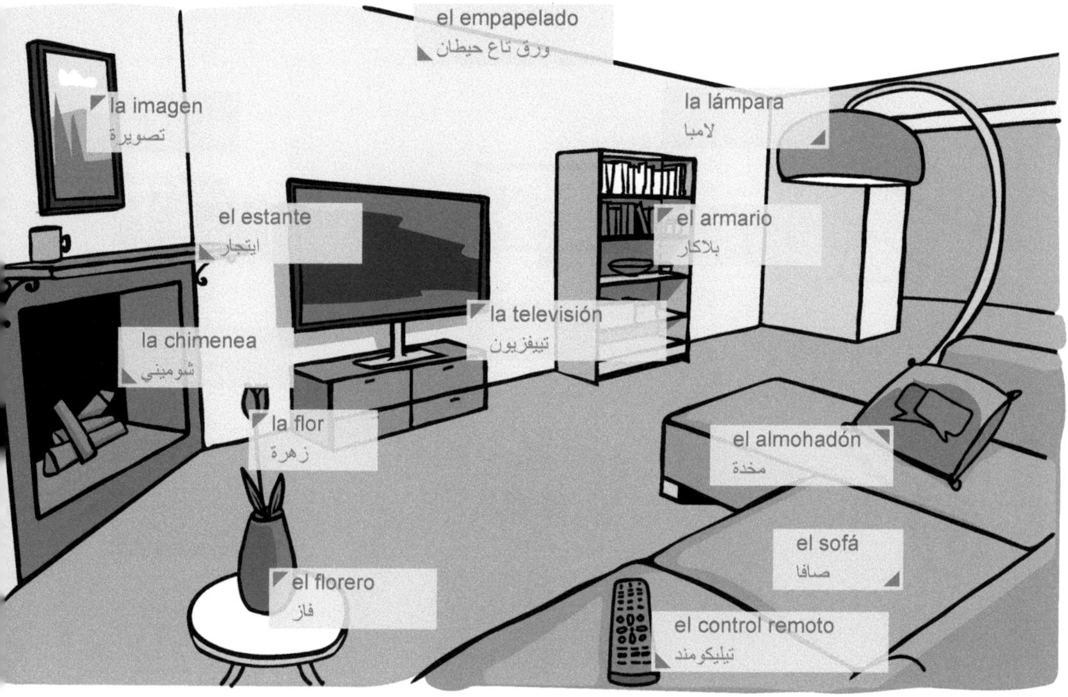

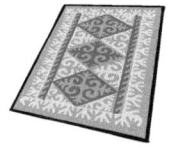

la alfombra

طابي

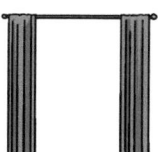

la cortina

ريدو

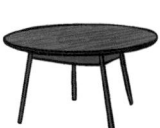

la mesa

طابلة

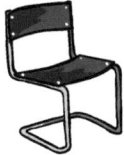

la silla

كرسي

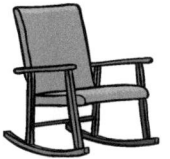

la mecedora

كرسي يبوجي

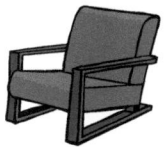

el sillón

فوتاي

el libro

كتاب

la frazada

طوفيرطة

la decoración

زواق

la leña

الحطب

la película

فيلم

el equipo de música

الستيريو

la llave

مفتاح

el diario

جرنان

la pintura

كادر

el póster

بوستار

la radio

راديو

el cuaderno

كناش

la aspiradora

اسبيراتور

el cactus

صبار

la vela

شمعة

la cocina
كوزينا

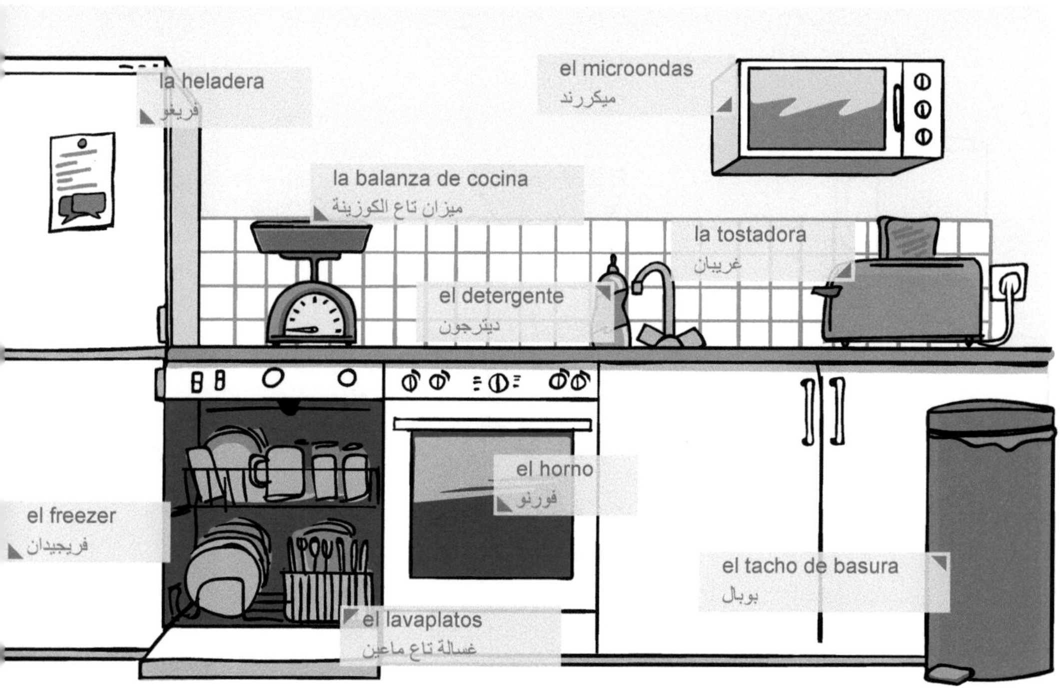

la heladera
فريغو
el microondas
ميكررند
la balanza de cocina
ميزان تاع الكوزينة
la tostadora
غريبان
el detergente
ديترجون
el horno
فورنو
el freezer
فريجيدان
el tacho de basura
بوبال
el lavaplatos
غسالة تاع ماعين

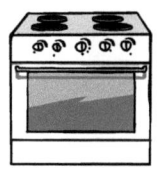

la cocina

الفور

la olla

قدرة

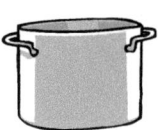

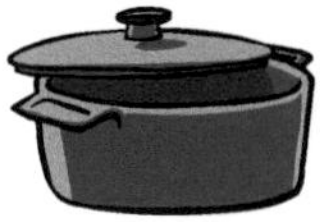

la olla de hierro fundido

مرميطا

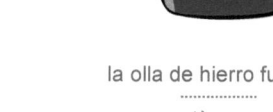

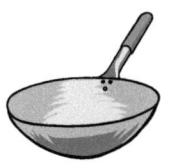

el wok

طاوة غامقة

la sartén

مقلة

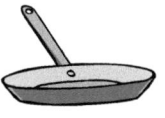

la pava

غلاية

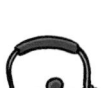

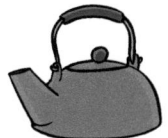

la vaporera

قدرة

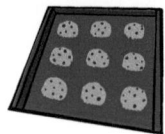

la bandeja de horno

سني

la vajilla

ماعين

la taza

قوبلي

el bol

طبسي

los palitos

مطارق تاع الماكلة

el cucharón

لوشة

la espátula

سباتولة

la batidora

الضرابة

el colador

كسكاس

el colador

صفاية

el rallador

راب

el mortero

مهراز

la parrilla

شواية

la fogata

موقد

la tabla de picar

بلونشا

el palo de amasar

رولو

el sacacorchos

الحلال

la lata

قابسة

el abrelatas

الحلال

la manopla

كتان

la pileta

لافابو

el cepillo

بروسة

la esponja

بونجة

la batidora

الخلاط

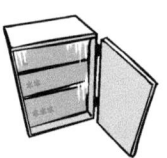

el congelador

فريغو

la mamadera

بيبيرونة

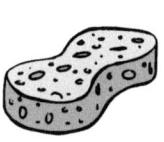

la canilla

سبالة

el baño

الحمام

la ducha
دوش
la calefacción
شوفاج
la toalla
سربيتة
la cortina de la ducha
ريدو تاع لادوش
el baño de espuma
حمام بالرغوة
la bañadera
بنوار
el vaso
كاس
el lavarropas
غسالة تاع حوايج
la canilla
سبالة
las baldosas
كرلاج
la pelela
لبو
la pileta
لافابو

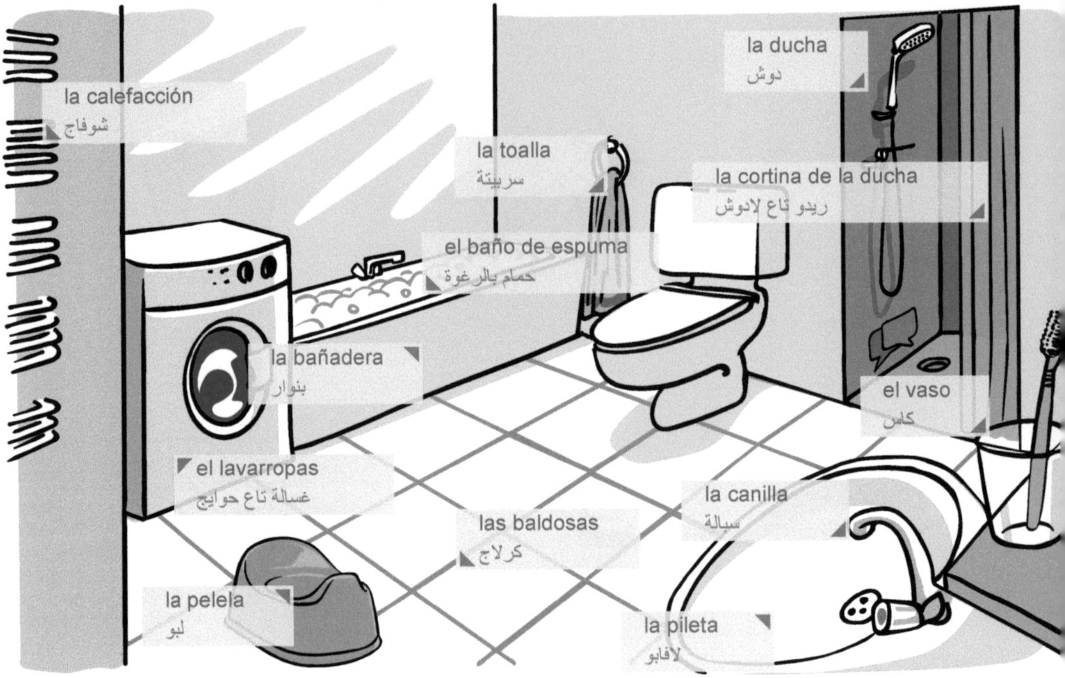

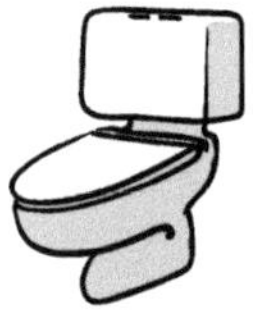

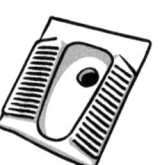

el inodoro

توالات

la letrina

توالات تركي

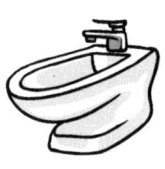

el bidé

غسال الرجلين

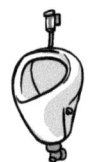

el mingitorio

مبولة

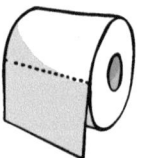

el papel higiénico

ورق تاع توالات

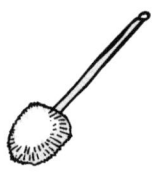

el cepillo para el inodoro

بروسة تاع توالات

el cepillo de dientes

بروسدون

el dentífrico

دونتفريس

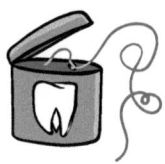

el hilo dental

خيط السنان

lavar

يغسل

la ducha de mano

دوش تاع شات دو

la ducha higiénica

دوشات

la palangana

لافابو

el cepillo para la espalda

بروسا تاع الظهر

el jabón

صابون

el gel de ducha

جال دوش

el shampoo

شنبوان

la toallita

الحبل

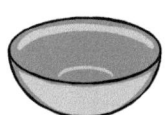

el desagüe

قادوس

la crema

بومادة

el desodorante

ديودورون

el espejo

مراية

el espejito

مراة صغيرة

la maquinita de afeitar

رازوار

la espuma de afeitar

لاموس

el aftershave

كولون

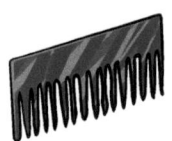

el peine

مشطة

el cepillo

بروسة

el secador de pelo

سشوار

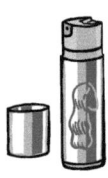

el spray

مثبت الشعر

el maquillaje

مكياج

el lápiz de labios

روجالافر

el esmalte para uñas

فرني

el algodón

قطن

la tijera para uñas

كوبنغل

el perfume

ريحة

el portacosméticos

تروسة تاع حمام

la banqueta

طابوري

la balanza

ميزان

la bata

بينوار

los guantes de goma

ليغونات تاع النيتواياج

el tampón

تمبون

la toallita femenina

ليبوند

el baño químico

توالات

el cuarto de los chicos

شمبرا تاع ذراري

el despertador
ريفاي
el peluche
نونورس
el coche de juguete
لوطو جوي
el sonajero
الخشخاش
la casa de muñecas
دار تاع بوبيات
el regalo
كادو

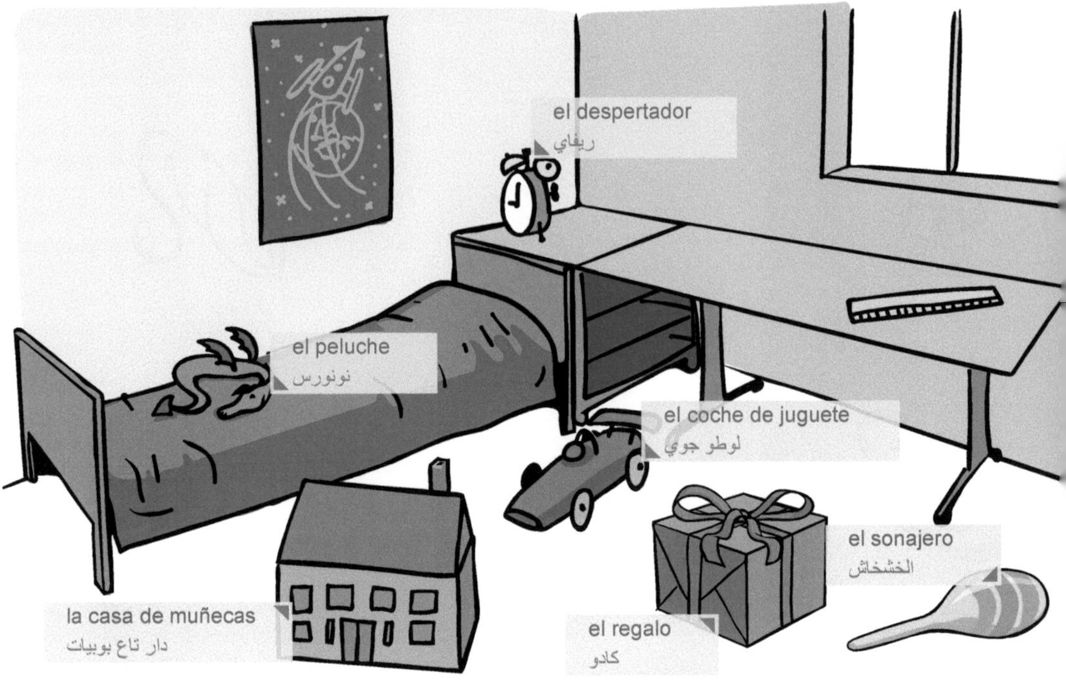

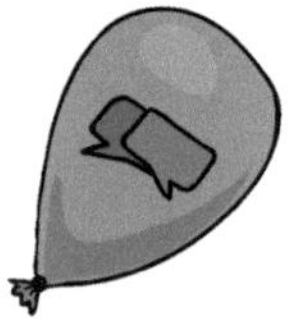

el globo

بالونة / نسافة

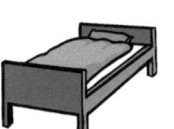

la cama

ناموسية

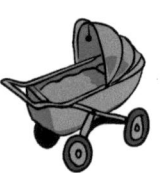

el cochecito

بوسات

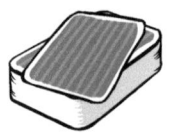

las cartas

الكارطة

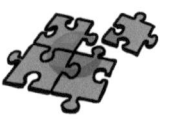

el rompecabezas

البوزيل

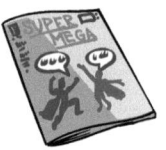

la historieta

بوند ديسيني

las piezas de lego

الليغو

los ladrillos de juguete

حجر يبنوه

la figura de acción

بوبية

el enterito (de bebé)

لبسة تاع البيبي

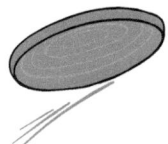

el frisbee

فريزي

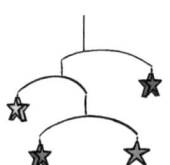

el móvil para bebés

اللهاية

el juego de mesa

لعبة الطابلة

los dados

الدي

el tren eléctrico

التران

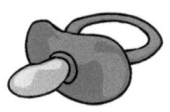

el chupete

سوسات

la fiesta

حفلة / الفِيشطة

el libro de cuentos ilustrado

كتاب بتصاوير

la pelota

بالون

la muñeca

بوبية

jugar

يلعب

el arenero

بارك بالرملة

la hamaca

بنصوار

los juguetes

جوي

la consola de videojuegos

منيطا

el triciclo

بيسكلات

el osito de peluche

دبدوب

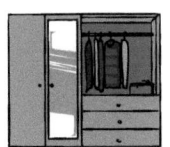

el armario

ماريو

la ropa

las medias

تقاشر

las medias panty

لبيا

las calzas

كولو

la bufanda
شال

el paraguas
بربلوي

la remera
تريكو

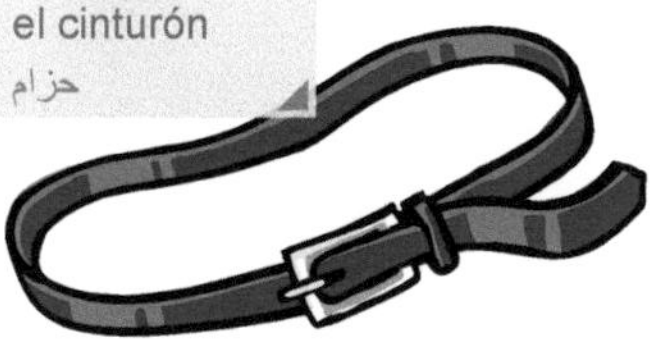

el cinturón
حزام

las botas
بوط

las pantuflas
بنتوفلا

las zapatillas
تينيسا / سبردينا

las sandalias
....
صندالة

los zapatos
....
صباط

las botas de goma
....
بوط بلاستيك

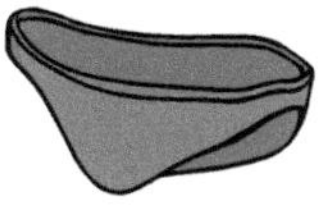

la ropa interior
....
كالسون

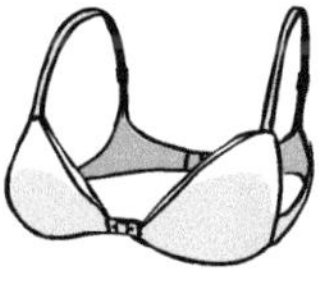

el corpiño
....
سوتيان

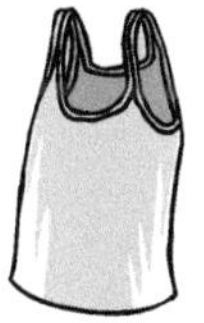

el chaleco
....
حويج تاع داخل

el body

لاسق على الجسم

los pantalones

سروال

los jeans

جين

la pollera

جيبا

la blusa

طابلية

la camisa

قمجة

el pulóver

تريكو

el buzo

قارديقون

el blazer

بلازار

la campera

فيستا

el tapado

بالطو

el piloto

بالطو

el traje

كوستيم

el vestido

روبا

el vestido de novia

روب بلونش

el traje

كوستيم

el camisón

شوميز دونوي

el pijama

بيجاما

el sari

ساري

el pañuelo para la cabeza

حجاب

el turbante

عمامة

la burka

برقع

el caftán

قفطان

la abaya

عباية

el traje de baño

مايو

el short de baño

سروال تاع عوم

los shorts

شورت

el jogging

لبسة تاع سبور

el delantal

طابلية

los guantes

ليقونات

el botón

قفلة

los anteojos

نواظر

la pulsera

براسلي

el collar

سنسلة

el anillo

خاتم

el aro

منقوش

la gorra

بوني

la percha

سانتر

el sombrero

شابو

la corbata

قرافاطة

el cierre

غيمة

el casco

كاسك

los tiradores

بروتال

el uniforme escolar

اللبة تاع ليكول

el uniforme

لينيفورم

la ropa - حوايج

el babero

رياقة

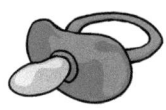

el chupete

سوسات

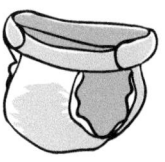

el pañal

ليكوش

la oficina

بيرو

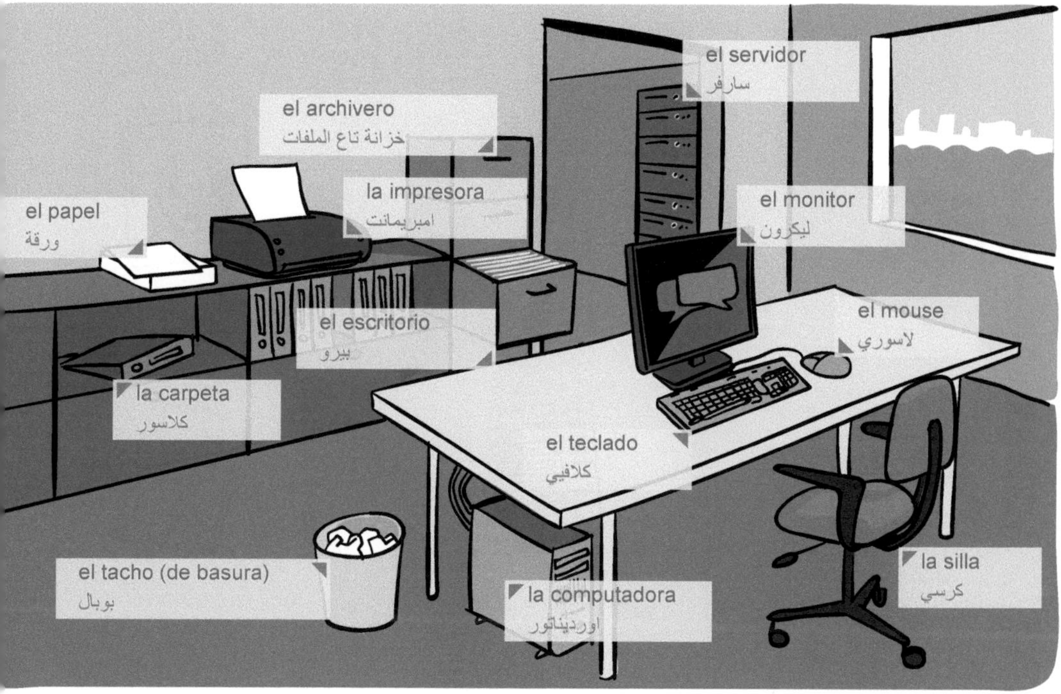

el servidor
سارفر

el archivero
خزانة تاع الملفات

la impresora
امبريمانت

el papel
ورقة

el monitor
ليكرون

el escritorio
بيرو

el mouse
لاسوري

la carpeta
كلاسور

el teclado
كلافيي

el tacho (de basura)
بوبال

la silla
كرسي

la computadora
اورديناتور

la taza de café

كاس قهوة

la calculadora

كاكولاتريس

el internet

لانترنت

la laptop

اورديناتور

la carta

برية

el mensaje

ميساج

el celular

بورطابل

la red

ريزو

la fotocopiadora

فوطوكوبي

el software

لوجسيال

el teléfono

تيلفون

el tomacorriente

بريزة

el fax

فاكس

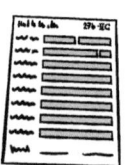

el formulario

استمارة

el documento

وثيقة

comprar

يشري

pagar

يخلص

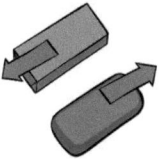

hacer negocios

يتاجر

el dinero

دراهم

el dólar

دولار

el euro

اورو

el yen

ين

el rublo

روبل

el franco suizo

فرنك سويسري

el yuan

يوان

la rupia

روبية

el cajero automático

ديستريبيتور

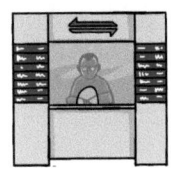

la casa de cambio

بيرة تاع الصرف

el oro

ذهب

la plata

فضة

el petróleo

نفط

la energía

طاقة

el precio

السومة

el contrato

عقد

el impuesto

طاكس

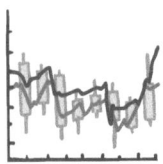

la acción

سهم

trabajar

يخدم

el empleado

خدام

el empleador

مول الشي

la fábrica

وزين

el negocio

حانوت

las ocupaciones
الخدمة

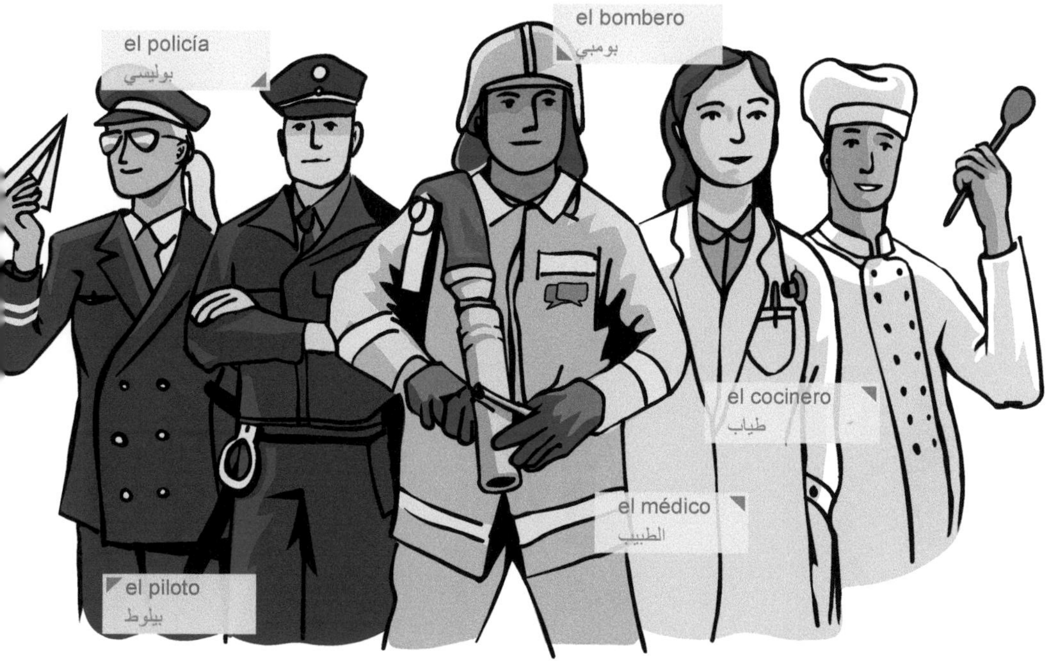
el policía
بوليسي
el bombero
بومبي
el cocinero
طياب
el médico
الطبيب
el piloto
بيلوط

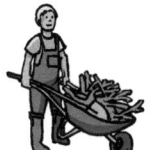

el jardinero
جرديني

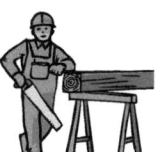

el carpintero
نجار

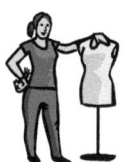

la modista
خياط

el juez
قاضي

el farmacéutico
شيميك

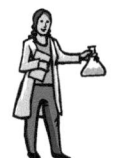

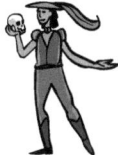

el actor
ممثل

el colectivero

شوفير

el taxista

طاكسيور

el pescador

صياد

la mucama

خدامة

el techista

ماصو تاع السقف

el mozo

سارفور

el cazador

صياد

el pintor

بنتار

el panadero

خباز

el electricista

الكتريسيان

el albañil

ماصون

el ingeniero

مهندس

el carnicero

بوشّي

el plomero

بلومبي

el cartero

فاكتور

el soldado

جندي

el arquitecto

ارشيتكت

el cajero

كاسسي

el florista

بياع اورد

el peluquero

كوافير

el cobrador

الكنترول

el mecánico

ميكانيسيان

el capitán

كابيتان

el dentista

طبيب سنان

el científico

عالم

el rabino

حاخام

el imán

امام

el monje

موان

el sacerdote

موان

las herramientas

ليزوتي

la tenaza
كلاب
el martillo
مارطو
el destornillador
تورنفيس
la linterna
تورشا
la llave
مفتاح

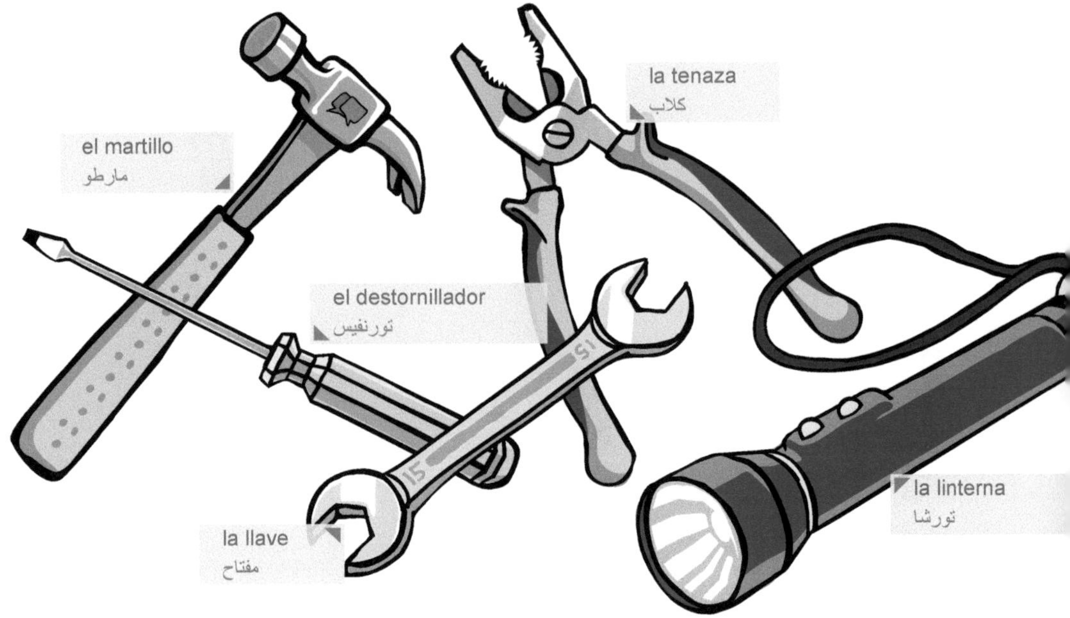

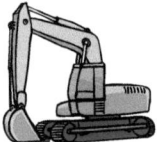

la excavadora

جرافة

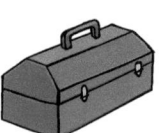

la caja de herramientas

قايصة نتاع ليزوتي

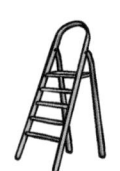

la escalera portátil

سلوم

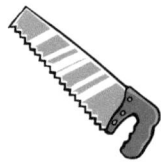

la sierra

منشار

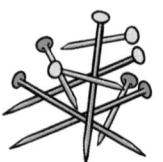

los clavos

مسامير

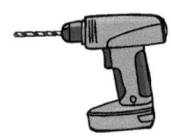

el taladro

برسوز

arreglar

يصنع

la pala de jardín

البالة

¡Qué bronca!

ياويلي

la pala de plástico

بالا

el tacho de pintura

بوتاع بنتورة

los tornillos

ليفيس

los instrumentos musicales

آلات موسيقية

el parlante
مكبر الصوت

la batería
آلات الإيقاع

la guitarra
غيتارة

la trompeta
بوق

el contrabajo
كمان أجهر

el piano

بيانو

el violín

كمنجة

el bajo

جهير

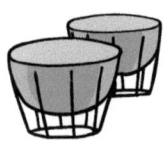

los timbales

طبل كبير

el tambor

طبل

el teclado

بيانو كهربائي

el saxofón

ساكسوفون

la flauta

ناي

el micrófono

ميكروفون

el zoológico

حديقة حيوانات

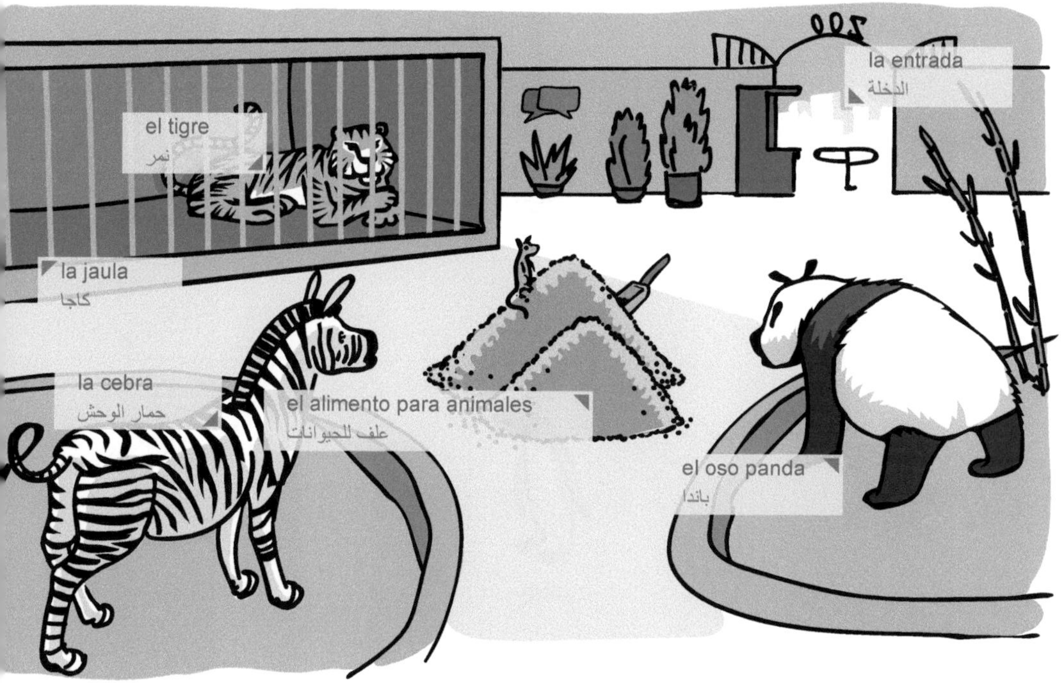

zoo
la entrada
الدخلة
el tigre
نمر
la jaula
كاجا
la cebra
حمار الوحش
el alimento para animales
علف للحيوانات
el oso panda
باندا

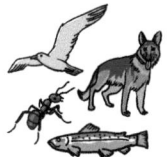

los animales

حيوانات

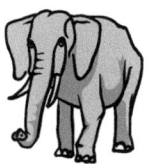

el elefante

فيل

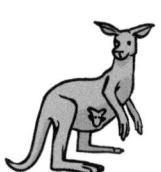

el canguro

كنغر

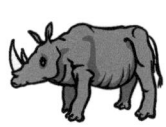

el rinoceronte

وحيد القرن

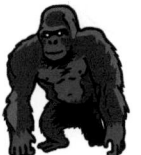

el gorila

غوريلا

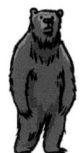

el oso

دب

el camello

جمل

el avestruz

نعامة

el león

سبع

el mono

تَشّيطا

el flamenco

فلامونغوز

el loro

بيروكي

el oso polar

دب قطبي

el pingüino

بطريق

el tiburón

سمك القرش

el pavo real

طاووس

la serpiente

لفعة

el cocodrilo

تِمساح

el cuidador del zoológico

عساس في حديقة الحيوان

la foca

عجل البحر

el jaguar

نمر أمريكي مرقط

el poni

فرس قزم

el leopardo

نمر

el hipopótamo

فرس النهر

la jirafa

زرافة

el águila

نسر

el jabalí

حلوف

el pescado

حوت

la tortuga

فكرون

la morsa

حيوان فظ البحري

el zorro

ثعلب

la gacela

غزال

el fútbol americano
بالون اميريكا

el ciclismo
المركبة تاع البيسكلت

el tenis
تينيس

el básquet
باسكات

la natación
العوم

el boxeo
بوكس

el hockey sobre hielo
هوكي

el fútbol
بالون

el bádminton
الريشة الطائرة

el atletismo
اتلاتيزم

el handball
الهوند

el esquí
سكي

el polo
بولو

las actividades
نشطات

reír
يضحك
saltar
ينقز
abrazar
يعنق
caminar
يمشّي
cantar
يغني
soñar
ينوم
rezar
يصلي
besar
يبوس

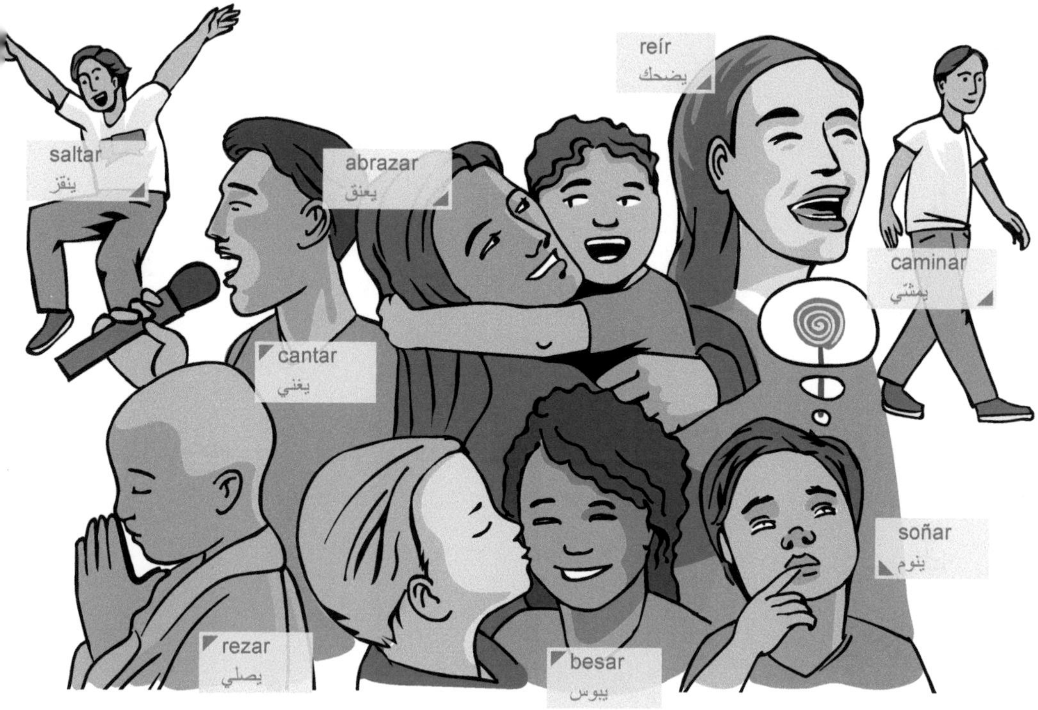

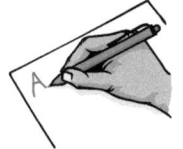

escribir
يكتب

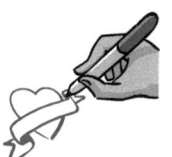

dibujar
يرسم

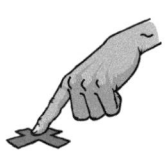

mostrar
يوري

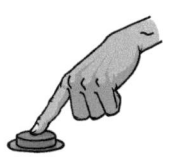

presionar
يدمر

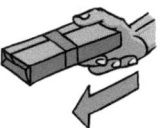

dar
يعطي

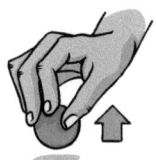

tomar
يدي

tener

يملك

hacer

يخدم

ser

كاين

estar parado

يوقف

correr

يجري

tirar

يجبد

tirar

يقيس / يرمي

caer

يطيح

estar acostado

يتكسل

esperar

يتشوف

llevar

يرفد

estar sentado

يقعد

vestirse

يلبس

dormir

يرقد

despertar

ينوظ

mirar

يِشوف في

llorar

بيكي

acariciar

يحك

peinar

يمشّط

hablar

يهدر

entender

يفهم

preguntar

يسقسي

escuchar

يسمع

beber

يِشرب

comer

ياكل

ordenar

يخمل

amar

بيغي

cocinar

يطيب

manejar

يصوق

volar

يطير

navegar

يبحر بالفلوكة

calcular

يحسب

leer

يقرا

aprender

يتعلم

trabajar

يخدم

casarse

يتزوج

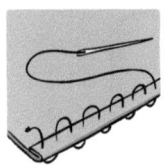

coser

يخيط

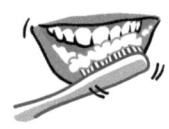

cepillarse los dientes

يغسل سنانو

matar

يكتل

fumar

يكمي

enviar

يرسل

la familia

لعايلة

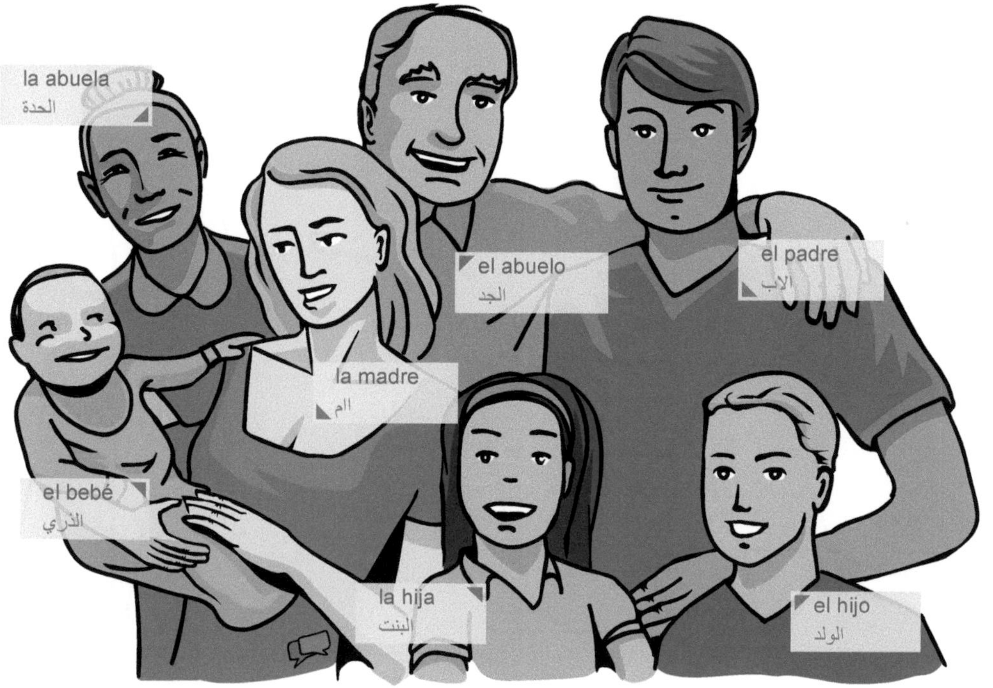

la abuela
الحدة
el abuelo
الجد
el padre
الاب
la madre
الم
el bebé
الذري
la hija
البنت
el hijo
الولد

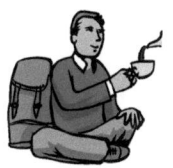

el invitado

ضيف

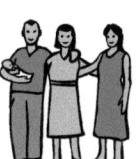

la tía

العمة / الخالة

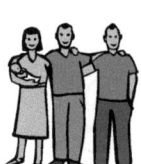

el tío

العم / الخال

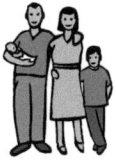

el hermano

الخو

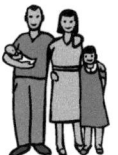

la hermana

الخت

el cuerpo

الجسم

la frente
الجبهة
el ojo
العين
el hombro
الكتف
el dedo
صبع
la cara
الوجه
la pera
اللحية
la mano
اليد
el pecho
الصدر
la pierna
الساق
el brazo
الذراع

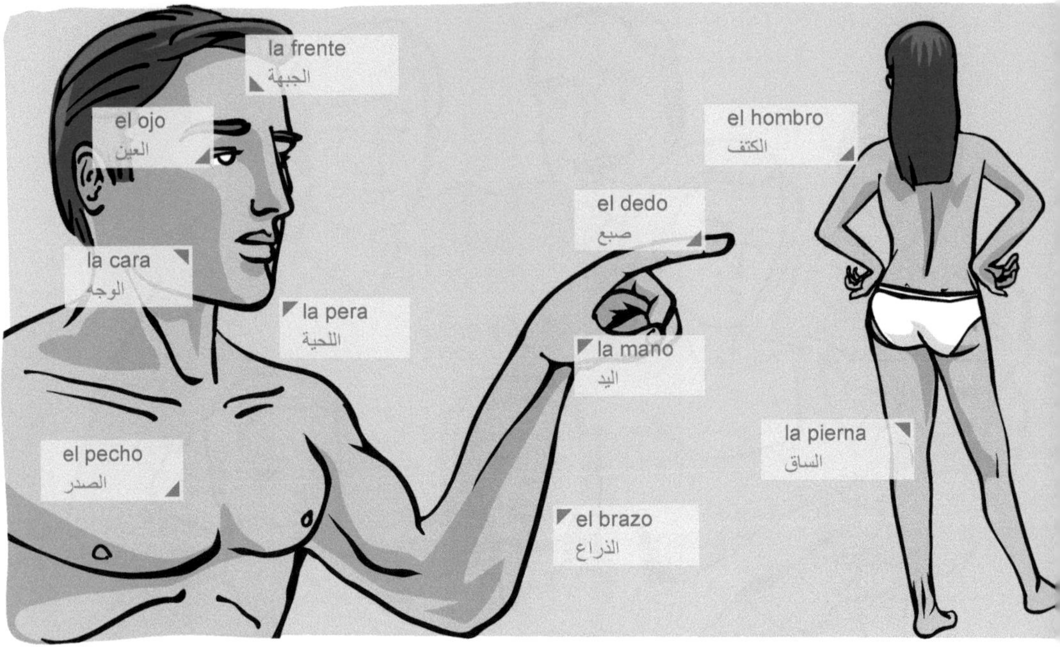

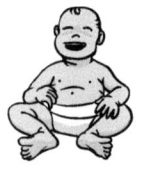

el bebé
الذري

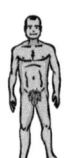

el hombre
الراجل

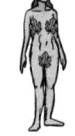

la mujer
المرا

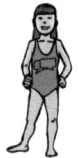

la nena
الشيرة، الطفلة

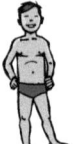

el nene
الشير

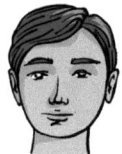

la cabeza
الراس

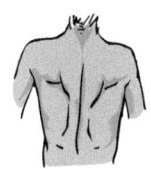

la espalda

ظهر

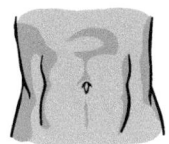

la panza

الكرش

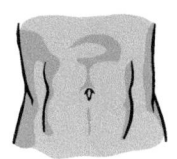

el ombligo

السرة

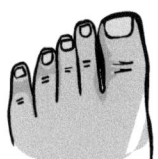

el dedo del pie

صبع

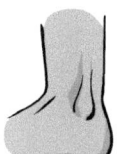

el talón

طالون

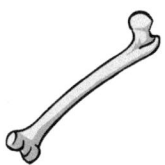

el hueso

العظم

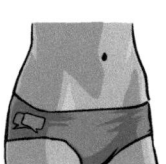

la cadera

المرادف

la rodilla

الركبة

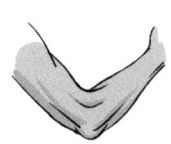

el codo

لمرفغ

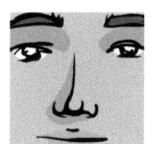

la nariz

نيف

la cola

مصاصيط

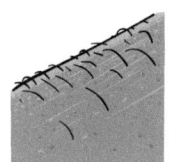

la piel

البشرة

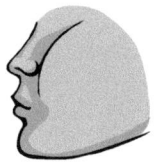

el cachete

الحنوك

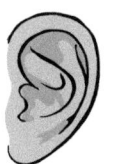

la oreja

لوذن

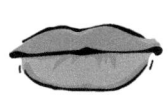

el labio

شورب

la boca

الفم

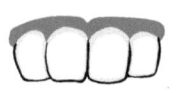

el diente

السنة

la lengua

اللسان

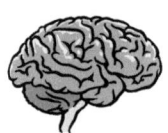

el cerebro

الدماغ

el corazón

القلب

el músculo

العضلة

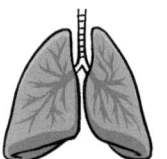

el pulmón

الرية

el hígado

الكبدة

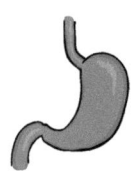

el estómago

لسطوما

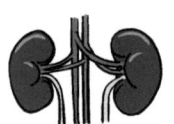

los riñones

كلوى

el sexo

رابور

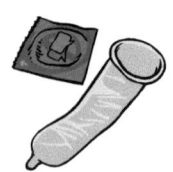

el preservativo

بريزارفتيف

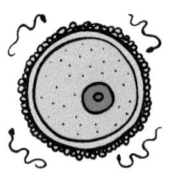

el óvulo

البويضة

el semen

سبرم

el embarazo

بلكرش

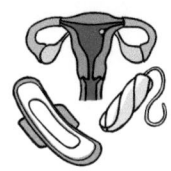

la menstruación

ليراغل

la vagina

المهبل

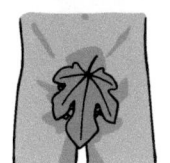

el pene

المذاكر

la ceja

الحاجب

el pelo

الشعر

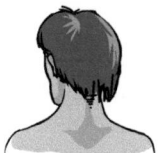

el cuello

رقبة

el hospital

سبيطار

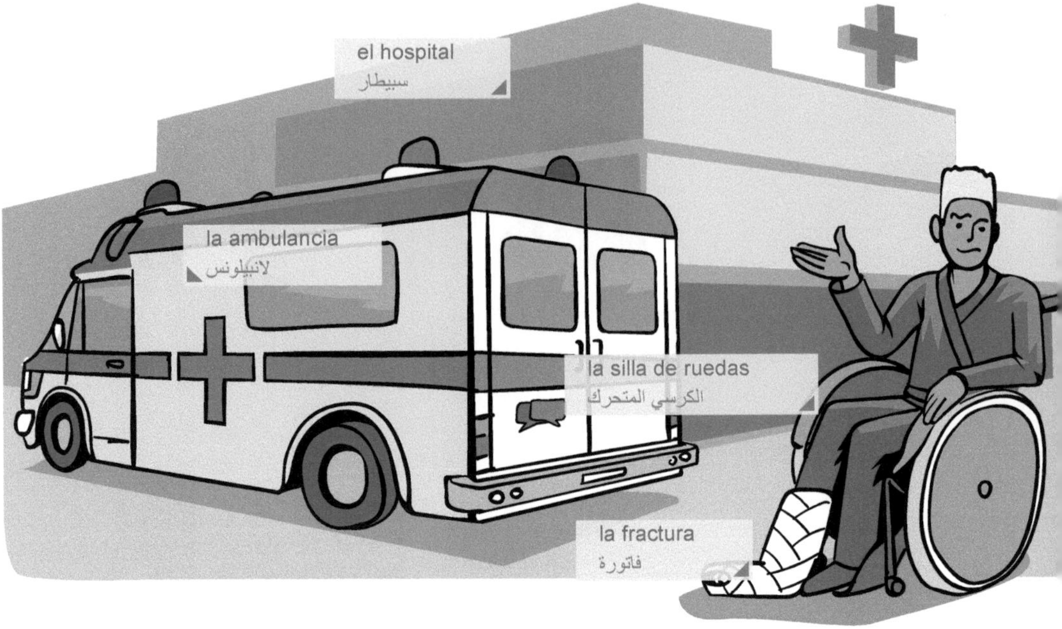

el hospital
سبيطار
la ambulancia
لانبيلونس
la silla de ruedas
الكرسي المتحرك
la fractura
فاتورة

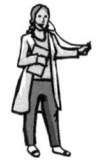

el médico

الطبيب

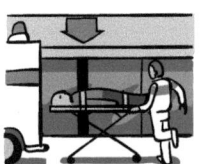

la sala de guardia

ليزيرجونس

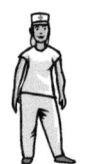

la enfermera

الممرضة

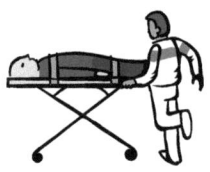

la emergencia

ليرجونس

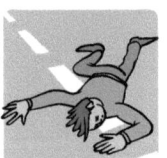

inconsciente

تغاشى

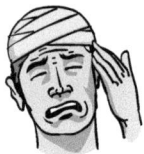

el dolor

الوجع

la lesión

الجرح

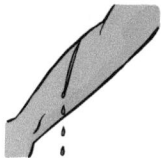

la hemorragia

يسل الدم

el infarto

القلب

el ACV

لافيسي

la alergia

لالرجي

la tos

الكحة

la fiebre

الحمة

la gripe

لاقريب

la diarrea

الاسهال

el dolor de cabeza

ميغران

el cáncer

السرطان

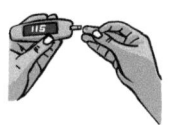

la diabetes

السكر

el cirujano

الجراح

el bisturí

مبضع

la operación

عملية تاع القلب

la TC

لاسيتي

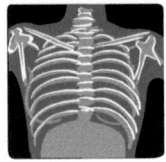

los rayos x

الراديو

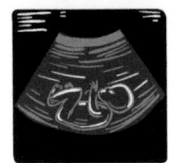

la ecografía

لولتخازون

el barbijo

لماسك

la enfermedad

المرض

la sala de espera

وين يقارعو

la muleta

العكاز

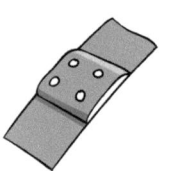

la curita

سكوتش

la venda

لبانسما

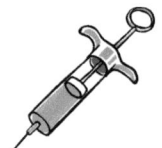

la inyección

لبرة

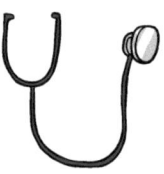

el estetoscopio

السماعة تاع الطبيب

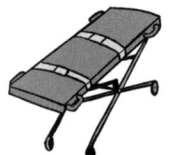

la camilla

نقالة

el termómetro

لوزنو بيه الحمة

el nacimiento

زيادة

el sobrepeso

السمونية

el audífono

جهاز السمع

el desinfectante

المعقم

la infección

لنفكسون

el virus

الفيروس

el VIH / SIDA

السيدا

el remedio

الدوا

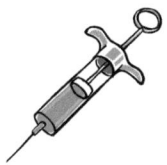

la vacunación

الفاكسان

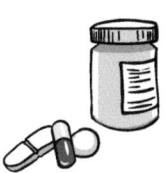

los comprimidos

الدوا حب

la pastilla anticonceptiva

بيلولة

a llamada de emergencia

يعيط للنجدة

el tensiómetro

الجهاز ليقيسو بيه الدم

enfermo / sano

مريض / صحيح

¡Ayuda!

سلكوني

la alarma

لالارم

la agresión

يتعدا

el ataque

يهجم

el peligro

دونجي

la salida de emergencia

مخرج الطوارئ

¡Fuego!

النار شاعلة

el matafuego

لكستانتور

el accidente

اكسيدون

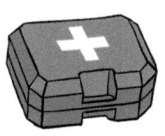

el botiquín de primeros
auxilios

فيزة تاع الاسعاف الاولي

el SOS

سلكونا

la policía

لابوليس

Europa

أوروبا

América del Norte

أمريكا الشمالية

América del Sur

أمريكا الجنوبية

África

أفريقيا

Asia

آسيا

Australia

أستراليا

el Atlántico

المحيط الأطلسي

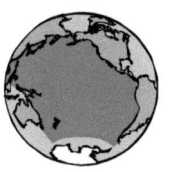

el Pacífico

المحيط الهادي

el Océano Índico

المحيط الهندي

el Océano Antártico

المحيط المتجمد الجنوبي

el Océano Ártico

المحيط المتجمد الشمالي

el polo norte

القطب الشمالي

el polo sur

القطب الجنوبي

la Antártida

منطقة القطب الجنوبي

la Tierra

أرض

la tierra

بلاد

el mar

بحر

la isla

جزيرة

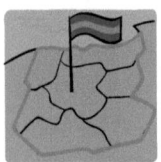

la nación

امة

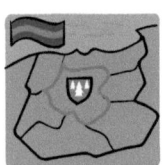

el estado

دولة

la esfera

ميناء الساعة

la manecilla de las horas

عقرب الساعات

el minutero

عقرب الدقائق

el segundero

عقرب الثواني

¿Qué hora es?

شعال راها الساعة؟

el día

يوم

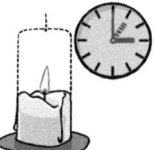

la hora

زمن

ahora

دروك

el reloj digital

ساعة رقمية

el minuto

دقيقة

la hora

ساعة

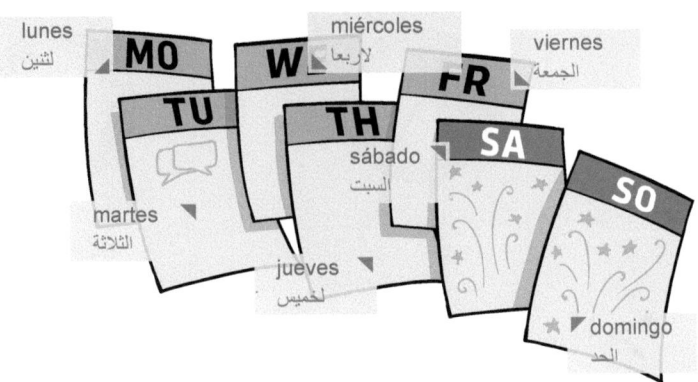

lunes لثنين
miércoles لاربعا
viernes الجمعة
martes الثلاثة
jueves لخميس
sábado السبت
domingo الحد

ayer

لبارح

hoy

اليوم

mañana

غدوا

la mañana

صباح

el mediodía

القايلة

la tarde

العشية

los días hábiles

يامات الخدمة

el fin de semana

ويكاند

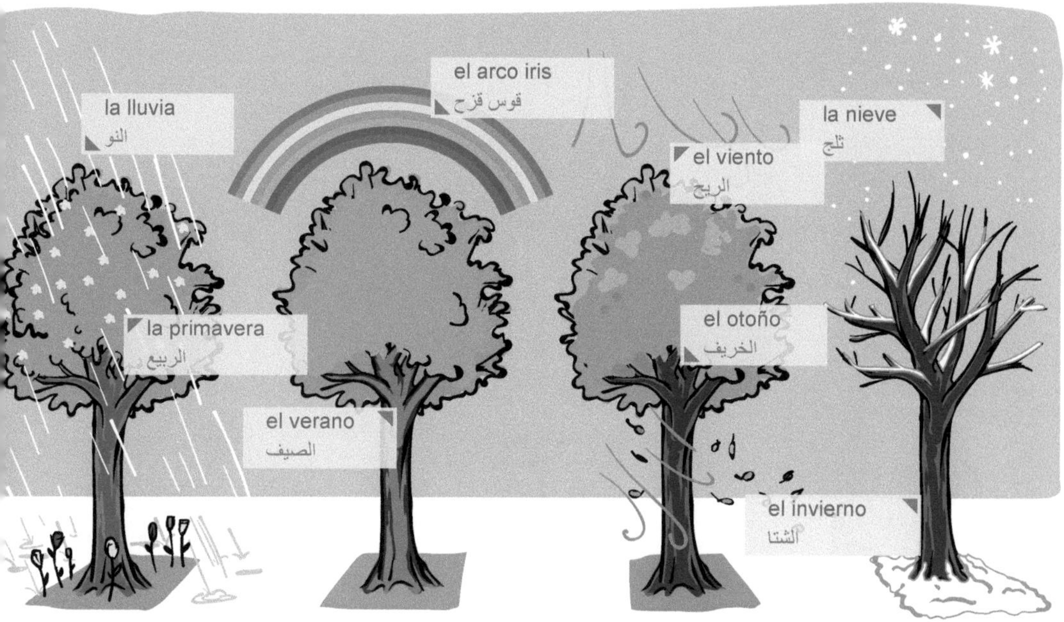

la lluvia
النو
el arco iris
قوس قزح
la nieve
ثلج
el viento
الريح
la primavera
الربيع
el otoño
الخريف
el verano
الصيف
el invierno
الشتا

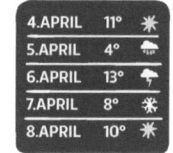

4.APRIL 11°
5.APRIL 4°
6.APRIL 13°
7.APRIL 8°
8.APRIL 10°

l pronóstico meteorológico

يتنبأ بالحال

F C
120 40
90 30
60 20
30 10
0 0
-30 -10
-20

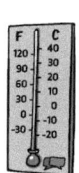

el termómetro

مقياس حرارة

la luz del sol

ضوء الشمس

la nube

سحابة

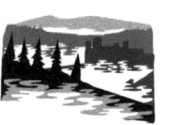

la niebla

ضباب

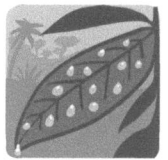

la humedad

ميديتي

el rayo

برق

el trueno

رعد

la tormenta

عاصفة

el granizo

بَرَد

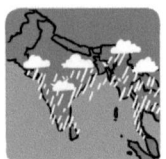

el monzón

ريح

la inundación

طوفان

el hielo

جليد

enero

جانفي

febrero

فيفري

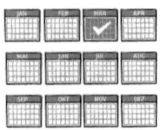

marzo

مارس

abril

افريل

mayo

ماي

junio

جوان

julio

جويلية

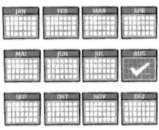

agosto

اوت

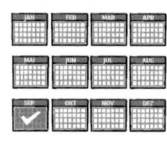

septiembre
....
سبتمبر

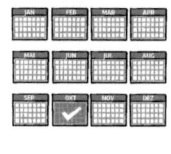

octubre
....
اكتوبر

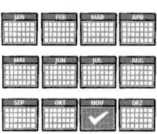

noviembre
....
نوفمبر

diciembre
....
ديسمبر

las formas

فورما

el círculo
....
دويرة

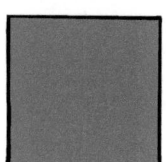

el cuadrado
....
مربع

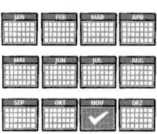

el rectángulo
....
مستطيل

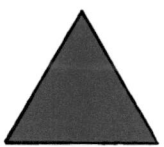

el triángulo
....
مثلث

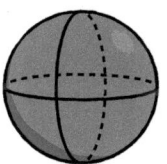

la esfera
....
كويرة

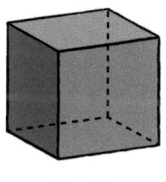

el cubo
....
مكعب

blanco

بيض

amarillo

صفر

naranja

تُشيني

rosa

روز

rojo

حمر

violeta

حلحالي

azul

زرق

verde

خظر

marrón

قهوي

gris

قري

negro

كحل

mucho / poco

بزاف / شوية

enojado / tranquilo

زعفان / مكالمي

lindo / feo

شباب / مشي شباب

el principio / el fin

البدية / التالي

grande / chico

كبير / صغير

claro / oscuro

فاتح / فونسي

el hermano / la hermana

خو / خت

limpio / sucio

نقي / موسخ

completo / incompleto

كامل / ناقص

el día / la noche

نهار / اليل

muerto / vivo

ميت / حي

ancho / angosto

عريض / ضيق

comestible / no comestible

....

يقدو ياكلوه / ميقدروش ياكلوه

malo / amable

....

شرير / ناس ملاح

entusiasmado / aburrido

....

يثير / يمل

gordo / flaco

....

سمين / رفيق

primero / último

....

اللولا / التالية

el amigo / el enemigo

....

الصاحب / لعدو

lleno / vacío

....

معمر / فارغ

duro / blando

....

قاصح / سوبل

pesado / liviano

....

ثقيل / خفيف

el hambre / la sed

....

جوع / عطش

enfermo / sano

....

مريض / صحيح

ilegal / legal

....

غير شرعي / شرعي

inteligente / estúpido

....

ذكي / مبوقّل

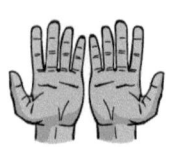

izquierda / derecha

....

يسار / يمين

cerca / lejos

....

قريب / بعيد

nuevo / usado

جديد / مستعمل

nada / algo

مكانش / شوية

viejo / joven

شيباني / شاب

encendido / apagado

يشعل / يطفى

abierto / cerrado

محلول / مبلع

silencioso / ruidoso

بشوية / بلقور

rico / pobre

مرفح / زوالي

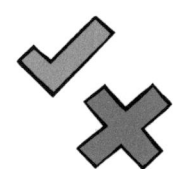

correcto / incorrecto

نيشان / خاطيء

áspero / suave

حرش / رطب

triste / contento

زعفان / فرحان

corto / largo

قصير / طويل

lento / rápido

بشوية / بلخف

mojado / seco

مشمخ / ناشف

caliente / frío

حامي / بارد

guerra / paz

القيرة / لامان

los números

نيميرويات

0

cero

صفر

1

uno

واجد

2

dos

زوج

3

tres

تلاثة

4

cuatro

ربعة

5

cinco

خمسة

6

seis

ستة

7

siete

سبعة

8

ocho

ثمانية

9

nueve

تسعة

10

diez

عشرة

11

once

حداعش

12
doce

ثناعش

13
trece

تلطاعش

14
catorce

رباطاعش

15
quince

خمسطاعش

16
dieciséis

سطاعش

17
diecisiete

سبعطتعش

18
dieciocho

ثمنطاعش

19
diecinueve

تساعطاش

20
veinte

عشرون

100
cien

مية

1.000
mil

ألف

1.000.000
el millón

مليون

el inglés

انقلي

el inglés americano

انغلي تاع مريكان

el chino mandarín

لغة الشنوية

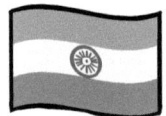

el hindi

الهندية

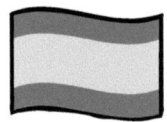

el español

سبينيولية

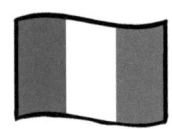

el francés

الفرونسي

el árabe

العربية

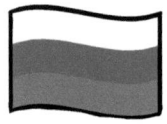

el ruso

الروسية

el portugués

البوتغالية

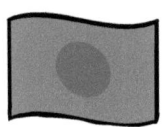

el bengalí

البنغالية

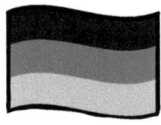

el alemán

لالمنية

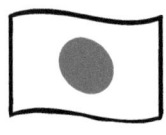

el japonés

الجابونية

yo

انا

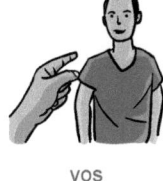

vos

نتا

él / ella

هو

nosotros

حنايا

ustedes

نتوما

ellos

هوما

¿quién?

شكون

¿qué?

واش

¿cómo?

كيفاش

¿dónde?

وين

¿cuándo?

وقتاش

el nombre

الاسم

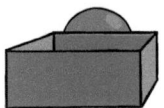

detrás

مرول

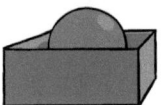

en

في

adelante de

قدام

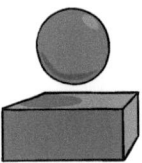

por encima de

فوق

sobre

على

debajo de

تحت

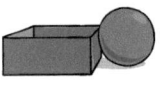

al lado de

حدا

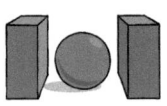

entre

بين

el lugar

بلاصة